퀴즈로 배우는 **안전** 그림책
안전 약속 스티커

※위험도가 높은 장소(물을 사용하는 욕실, 불을 사용하는 부엌, 떨어지기 쉬운 베란다에 있는 창문 등)에 '안전 약속 스티커'를 붙여 주세요.

퀴즈로 배우는
안전 그림책

글 미야타 미에코 그림 이토 햄스터 번역 조연우

대원키즈

너는 지금 몸도 마음도
무럭무럭 자라고 있어.
할 수 있는 것이 늘어나니까
기쁠 거야!

하지만 조심하지 않으면 다치거나
사고를 당할 수 있어.

너는 아주 소중한 사람이야.
네가 크게 다치거나 사고를 당하면
너를 소중히 생각하는 사람이
아주 슬플 거야.

이 책에는 네가 안심하고 지내기 위한
'안전 퀴즈'가 100개 적혀 있어.
부모님과 함께 읽고 생각해 보자.

스스로 자신을 지키는 멋진 사람이 되자!

차례

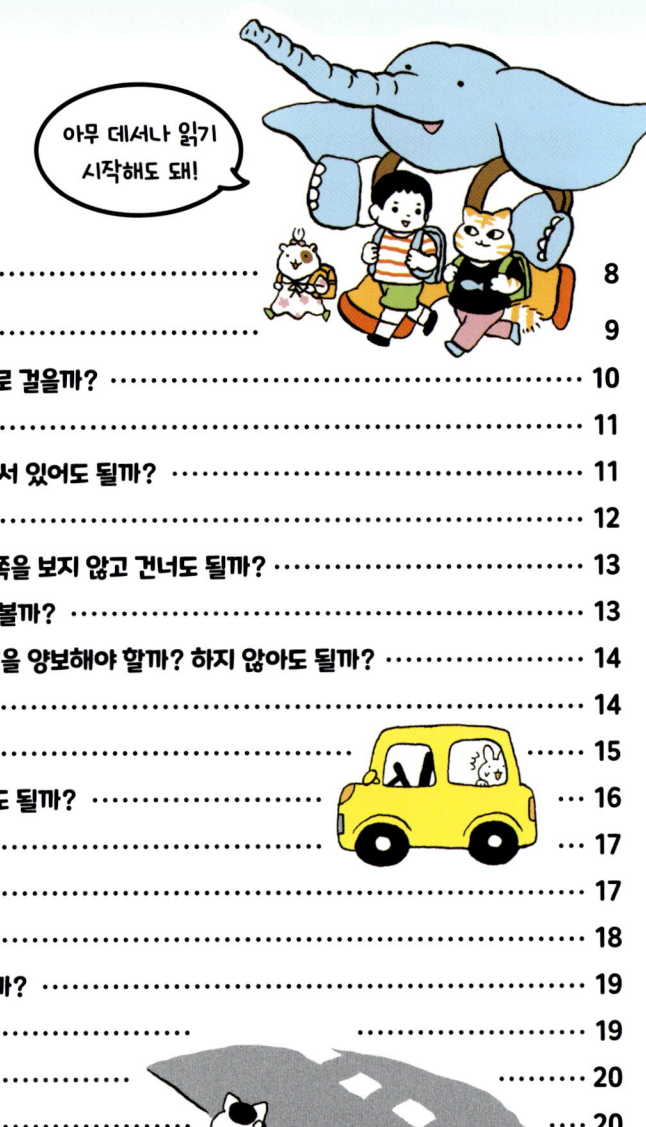

교통안전 ······ 8

1. 신발 끈이 풀렸다. 이대로 나가도 될까? ······ 9
2. 도로를 걸을 때는 왼쪽, 오른쪽 중에 어느 쪽으로 걸을까? ······ 10
3. 길모퉁이를 돌 때 빠르게 돌아도 될까? ······ 11
4. 도로를 건너려고 기다릴 때 차도 가까운 곳에 서 있어도 될까? ······ 11
5. 도로를 건널 때는 어디를 보아야 할까? ······ 12
6. 횡단보도를 건널 때 녹색등이라면 왼쪽, 오른쪽을 보지 않고 건너도 될까? ······ 13
7. 건널목을 건널 때는 어디에서 왼쪽, 오른쪽을 볼까? ······ 13
8. 구급차나 소방차, 경찰차가 다가오고 있다. 길을 양보해야 할까? 하지 않아도 될까? ······ 14
9. 해 질 녘이나 밤에 혼자서 외출해도 될까? ······ 14
10. 자전거를 탈 때 머리에 쓰는 것은 무엇일까? ······ 15
11. 자전거로 도로를 건널 때는 아무 곳이나 건너도 될까? ······ 16
12. 자전거는 어디에 세워야 할까? ······ 17
13. 자전거 바퀴에 구멍이 났는데 타도 될까? ······ 17
14. 공이 도로로 튕겨 나갔다. 쫓아가도 될까? ······ 18
15. 차에 타면 제일 먼저 해야 하는 일은 무엇일까? ······ 19
16. 차에 갇혔을 때는 어떻게 나오면 될까? ······ 19
17. 주차장에서 놀아도 될까? ······ 20
18. 버스를 탈 때는 어떤 점을 조심해야 할까? ······ 20
19. 역 플랫폼에서는 어떤 점을 조심해야 할까? ······ 21
20. 전동차 문이 열리자마자 타도 될까? ······ 21

건강 ······ 22

21. 밖에서 돌아오면 먼저 무엇을 해야 할까? ······ 23
22. 밥이나 간식은 씹지 않고 급하게 먹어도 될까? ······ 24

23	비디오 게임을 할 때 시간을 정하지 않고 놀아도 될까?	25
24	몸이 안 좋거나 많이 피곤할 때는 어떻게 해야 할까?	25
25	'감염병'이 유행할 때는 무엇을 해야 할까?	26
26	더운 날에 놀 때는 무엇을 조심해야 할까?	26
27	수업 중에는 화장실에 가면 안 될까?	27
28	강아지나 고양이를 놀라게 해도 될까?	27
29	긁히거나 칼에 베었을 때는 어떻게 해야 할까?	28
30	코피가 나면 어떻게 해야 할까?	28
31	머리를 부딪혔을 때는 어떻게 해야 할까?	29
32	화상을 입었을 때는 어떻게 해야 할까?	29
33	모기에 물렸을 때는 어떻게 해야 할까?	29
34	친구가 괴롭힐 때는 어떻게 해야 할까?	30
35	친구를 괴롭혔을 때는 어떻게 해야 할까?	31

사고 예방 ... 32

36	복도나 계단에서 뛰거나 장난쳐도 될까?	33
37	문을 세게 열어도 될까?	34
38	콘센트를 젖은 손으로 만져도 될까?	35
39	난로에 너무 가까이 다가가면 왜 안 되는 걸까?	35
40	가위를 휘둘러도 될까?	36
41	욕실에서 장난치면 왜 안 되는 걸까?	37
42	걸으면서 양치를 하면 왜 안 되는 걸까?	37
43	전자레인지로 음식을 오랜 시간 데워도 될까?	38
44	주전자나 전기 주전자에서 나오는 '증기'를 만져도 될까?	38
45	가스레인지 근처에서 장난치면 왜 안 되는 걸까?	39
46	부엌칼을 아이들끼리 써도 될까?	39
47	베란다 창문 근처에서 장난쳐도 될까?	40
48	아기가 근처에 있을 때 무엇을 조심해야 할까?	40
49	공원의 놀이기구는 어떻게 이용해야 할까?	41

50	에스컬레이터에 탈 때는 무엇을 잡아야 할까?	42
51	공사 현장에 멋대로 들어가도 될까?	43
52	우산으로 장난치면 왜 안 되는 걸까?	43
53	물통을 갖고 다닐 때는 어떤 점을 조심해야 할까?	44
54	후드가 있는 옷을 입을 때는 어떤 점을 조심해야 할까?	44
55	아이들끼리 강에 놀러 가도 될까?	45
56	연못 바로 앞까지 다가가도 될까?	46
57	아이들끼리 바다에 놀러 가도 될까?	46
58	산에 갈 때 긴팔이나 긴바지는 왜 입는 걸까?	47
59	불꽃놀이를 할 때, 불꽃이 나오는 곳이 사람에게 향해도 될까?	47

범죄 예방 48

60	놀러 나가기 전에 부모님에게 알려야 할 것은 무엇일까?	49
61	집 열쇠를 갖고 나갈 때는 어디에 보관해야 할까?	49
62	학교에 갈 때나 돌아올 때 '통학로'가 아닌 곳으로 다녀도 될까?	50
63	이웃 주민을 만났을 때 무엇을 해야 할까?	51
64	친구와 헤어져서 혼자가 되었을 때, 다른 곳에 들러도 될까?	52
65	혼자 걸을 때는 어떤 길로 다녀야 할까?	52
66	아무도 없는 집에 들어갈 때는 무엇을 조심해야 할까?	53
67	혼자서 집을 지킬 때 인터폰을 받아야 할까?	53
68	외출했을 때 부모님과 떨어져도 될까?	54
69	축제나 불꽃놀이에 아이들끼리 가도 될까?	54
70	외출했을 때 화장실에 혼자서 가도 될까?	55
71	엘리베이터에 혼자서 타도 될까?	55
72	밖에서 혼자 있을 때 어른이 아주 가깝게 다가와서 이야기해도 될까?	56
73	누군가가 "길을 알려 줘."라고 말하면 어떻게 해야 할까?	56
74	나쁜 짓을 당하지 않으려면 어떤 사람을 조심해야 할까?	57
75	무서운 일이나 싫어하는 일을 당할 것 같으면 어떻게 해야 할까?	58
76	누군가에게 유괴당하고 있다! 큰 소리를 내지 못하거나 경보기를 누를 수 없을 때는 어떻게 해야 할까?	59

77	짐이 무거울 때 누군가 쫓아오면 어떻게 해야 할까?	59
78	누군가 "차에 타."라고 말하면 어떻게 해야 할까?	60
79	무서운 일이나 어려운 일이 있으면 누구에게 도와 달라고 할까?	60
80	누군가 몸을 만지려고 하면 어떻게 해야 할까?	61
81	몸 중에서 다른 사람이 만지면 안 되는 곳은 어디일까?	61
82	핸드폰은 실컷 해도 될까?	62
83	인터넷으로 알게 된 사람이 너의 주소를 묻는다면 알려 줘도 될까?	62
84	인터넷으로 알게 된 사람이 "만나고 싶다."고 말하면 어떻게 해야 할까?	63
85	인터넷으로 돈을 보내라고 하면 어떻게 해야 할까?	63

재해 예방 ·· 64

86	처음 가는 장소에 갔을 때 알아 두면 좋은 것은 무엇일까?	65
87	건물 안에서 지진이 났을 때는 우선 어떻게 해야 할까?	66
88	건물 밖에서 지진이 났을 때는 우선 어떻게 해야 할까?	66
89	바다 근처에 있을 때 지진이 나면 어떻게 해야 할까?	67
90	산에 있을 때 화산이 폭발하면 어떻게 해야 할까?	68
91	'대피소'에서 지낼 때는 떠들어도 될까?	68
92	밖에 있을 때 큰비나 집중호우가 쏟아지면 어떻게 해야 할까?	69
93	밖에 있을 때 벼락이 내리치면 어떻게 해야 할까?	69
94	밖에 있을 때 우박이 떨어지면 어떻게 해야 할까?	70
95	눈이 내릴 때 도로에서 달려도 될까?	70
96	태풍이 오고 있다. 밖에 나가도 될까?	70
97	불이야! 대피할 때 무엇을 조심해야 할까?	71
98	사건이나 사고에 휘말리면 우선 어떻게 해야 할까?	71
99	전화로 경찰을 부를 때 전화번호는 몇 번일까?	72
100	전화로 구급차나 소방차를 부를 때 전화번호는 몇 번일까?	73

부모님에게 ·· 74

교통안전

부모님이나 친구와 걷거나 자전거를 타고
어딘가로 외출한 적이 있니?
그럴 때 어떤 행동을 하면 위험한지
알아 두면 좋아.

💡 신발 끈이 풀렸다. 이대로 나가도 될까?

교통안전

신발 끈을 꽉 묶는다.
신발 뒤축을 꺾어 신거나 신발 끈이 풀려 있으면,
발을 헛디뎌서 넘어지거나 자전거 바퀴에 휘감길 수 있어.
옷이나 신발을 단정하게 하고 다니자.

보호자에게 ▶ 복장이 흐트러지면 큰 사고로 이어집니다. 방한용 귀마개나 이어폰을 할 때는 주위 소리가 잘 들리지 않으니까 조심해야 한다고 지도해 주세요. 알사탕이나 껌, 막대기가 달린 사탕 등을 입에 넣고 행동하는 것도 위험합니다.

2. 도로를 걸을 때는 왼쪽, 오른쪽 중에 어느 쪽으로 걸을까?

도로의 오른쪽을 걷는다.
도로에 흰 선이 있을 때는 흰 선의 안쪽(건물 쪽)에서 걸어야 해.
여럿이 걸을 때는 옆으로 나란히 걷지 않도록 조심하자.

보호자에게 여럿이 걸을 때는 차도에서 나란히 걷지 않도록 하는 것이 중요합니다. 특히 우산을 쓸 때는 옆으로 나란히 걷지 않아야 합니다. 점자 블록의 역할도 알려 주고, 그 위를 함부로 걷지 않도록 해 주세요. 또 게임을 하면서 걷지 않아야 합니다.

③ 길모퉁이를 돌 때 빠르게 돌아도 될까?

모퉁이 앞에서 천천히 멈추고 맞은편 상황을 확인한다.
맞은편 길모퉁이에서 사람이나 자전거가 올지도 몰라.
좁은 도로에서도 모퉁이마다 멈추자.

④ 도로를 건너려고 기다릴 때 차도 가까운 곳에 서 있어도 될까?

차도(차가 달리는 곳)에서 떨어져서 기다린다.
특히 좁은 도로나 모퉁이에서는
차도에서 한두 걸음 뒤로 물러나 기다리자.
차도 가까운 곳에 있으면 차가 돌 때
타이어에 말려들어 가서 크게
다칠 수가 있어.

교통안전

보호자에게 〉 (아래)넓은 보도에서는 보도의 안쪽(건물 쪽)에서 기다리게 하세요. 보도 한가운데에 서 있으면 자전거에 부딪힐 우려가 있습니다.

5 도로를 건널 때는 어디를 보아야 할까?

왼쪽, 오른쪽을 잘 본다.
'횡단보도'나 '육교'가 있으면 그곳으로 건너자.
신호가 없어도 반드시 멈춰서
"어떤 색, 어떤 차가 온다."를 말할 수 있을 정도로
왼쪽, 오른쪽을 잘 보면서 손을 들고 건너자.

빨간색 차가 간다!

> 보호자에게 ▶ 아이는 좌우를 '확인하는 듯한 동작'을 할 뿐, 제대로 확인하지 않는 경우가 흔히 있습니다. 또 버스 뒤처럼 시야가 가려지는 장소에서 길을 건너지 않도록 지도해 주세요. '멈춘다. 기다린다. 본다. 건넌다.'가 매끄럽게 되도록 자녀와 같이 연습하세요.

6. 횡단보도를 건널 때 녹색등이라면 왼쪽, 오른쪽을 보지 않고 건너도 될까?

녹색등에도 멈추고 왼쪽, 오른쪽을 확인한다.
횡단보도의 신호가 녹색등이어도
왼쪽, 오른쪽을 잘 보고,
차가 서 있는 것을 확인하자.
가능하면 차를 운전하는 사람과
눈을 마주친 후에 재빨리 건너자.

7. 건널목을 건널 때는 어디에서 왼쪽, 오른쪽을 볼까?

선로 바로 앞에서 왼쪽, 오른쪽에서 전동차가 오지 않는 것을 확인하고 건넌다.
'경보음'이 울리거나 '차단기'가
내려오기 시작하면 건너지 말자.
건널목 안에서는 멈추면 안 돼.
어려운 일이 생기면 바로
'비상 버튼'을 누르자.

> 보호자에게 (위)운전자와 눈을 마주치는 것으로 "지금부터 건널 거예요."라는 의사 표시가 됩니다. (아래)가까운 건널목에서 비상 버튼 위치를 확인하고, 결코 장난삼아 누르면 안 된다는 것도 지도해 주세요.

교통안전

8 구급차나 소방차, 경찰차가 다가오고 있다. 길을 양보해야 할까? 하지 않아도 될까?

차에 길을 양보한다.
구급차나 소방차는 사고를 당한 사람을 조금이라도 빨리 구하기 위해 서두르고 있어.
다가오면 길을 양보하고 방해가 되지 않도록 하자.

9 해 질 녘이나 밤에 혼자서 외출해도 될까?

부모님과 함께 외출한다.
옷이나 신발, 자전거 등에 빛을 반사하는 물건을 달아서 자신이 어디에 있는지 주변 사람에게 알리자.
자전거를 탈 때는 반드시 조명을 켜자.

보호자에게 (아래)빛이 반사되는 열쇠고리나 배지를 몸에 다는 것도 방법입니다. 어둠 속에서 수 미터 앞에서도 보이는 것이 있으므로, 운전자가 존재를 알아차리기 쉽습니다.

10. 자전거를 탈 때 머리에 쓰는 것은 무엇일까?

교통안전

헬멧. 반드시 쓰고 도로의 오른쪽을 달린다.
헬멧은 사고가 났을 때 목숨을 지키는 아주 소중한 거야.
올바르게 쓰고 곧장 멈출 수 있는 속도로 달리자.

보호자에게 도로에서 어린이가 킥보드 등의 놀이기구를 탈 때는 안전모를 착용해야 합니다. 보도와 차도를 구별하는 곳에서는 원칙상 차도의 오른쪽에 붙어서 통행해야 하지만, 어린이나 고령자는 보도를 이용하되 차도쪽으로 천천히 이용할 수 있습니다.

11 자전거로 도로를 건널 때는 아무 곳이나 건너도 될까?

'자전거 마크'가 있는 곳은 그 위를 건넌다.
마크가 없을 때는 횡단보도 위를 건너자.
횡단보도를 건널 때는 자전거에서 내려서 끌고 가자.

보호자에게 ▶ 횡단보도를 건너기 전에 잠깐 서서 왼쪽, 오른쪽을 살핀 뒤 천천히 건너도록 지도해 주세요.

교통안전

12 자전거는 어디에 세워야 할까?

정해진 장소에 세운다.
공원이나 슈퍼마켓 등 사람이 많이 모인 곳에서는 자전거를 세워도 되는 장소가 정해져 있어. 세웠으면 반드시 자물쇠를 채우자.

13 자전거 바퀴에 구멍이 났는데 타도 될까?

무리해서 타지 말고 끌고 간다.
한쪽만 구멍이 나도 타면 위험해.
방해되지 않는 장소에 자전거를 세우고 자물쇠를 채운 후에 부모님에게 알리자.
브레이크가 망가졌을 때도 마찬가지야.

보호자에게 (위)2022년에 일어난 자전거 절도 사건은 약 12,000건입니다. 친구 집이나 공원에 자전거를 오래 세워 둘 때도 매번 자물쇠를 채우도록 하세요.

14 공이 도로로 튕겨 나갔다. 쫓아가도 될까?

도로에 갑자기 뛰어들면 아주 위험하다.
어른에게 부탁해서 가져다 달라고 하자.

보호자에게 ▶ 차도에 물건이 튕겨 나갈 우려가 있는 장소에서는 놀지 않도록 지도해 주세요. 특히 물건이 차 밑으로 들어갔을 때는 아이가 기어들어 가지 않고 어른에게 알리도록 지도해 주세요.

15. 차에 타면 제일 먼저 해야 하는 일은 무엇일까?

교통안전

안전띠를 반드시 맨다.
다치지 않도록 차가 움직이기 전에 안전띠를 올바르게 매자.
차 안에서 아이들끼리만 기다리지 않도록 하자.

16. 차에 갇혔을 때는 어떻게 나오면 될까?

차의 경적을 누른다.
큰 소리를 여러 번 지르면 몸에 힘이 빠져.
만약 차에 갇히면 주변 사람이 알아차릴 때까지 경적을 눌러.

보호자에게 (위)뒷좌석도 반드시 안전띠를 매야 합니다. (아래)보호자와 함께 경적을 눌러 보는 연습을 하고, 유치원 버스도 똑같다고 알려 주세요.

17 주차장에서 놀아도 될까?

주차장에서는 놀거나 장난치지 않는다.
함부로 달리거나, 차 뒤나 밑에서 숨바꼭질은 절대 하지 말아야 해. 차가 갑자기 움직이기 시작하면 큰 사고를 당할 수도 있어. 부모님과 손을 잡고 걷자.

18 버스를 탈 때는 어떤 점을 조심해야 할까?

버스가 갑자기 멈출 수 있으니까 자리에 앉거나 손잡이를 잡는다.
혼자서 탈 때는 언제든 도움을 청할 수 있도록 가장 안쪽의 끝자리에는 앉지 말아야 해.

보호자에게 (아래)범죄 예방을 위해 주위로부터 사각지대가 되는 자리에는 앉지 않도록 합니다. 짐은 무릎 위에 두거나 발밑에 두어 통로를 막지 않습니다.

19. 역 플랫폼에서는 어떤 점을 조심해야 할까?

뛰거나 한눈을 팔지 않는다.
사람에게 부딪히거나
선로에 떨어지면 아주 위험해.
노란 선 안쪽으로 걸어.

교통안전

20. 전동차 문이 열리자마자 타도 될까?

**전동차에서 내리는
사람이 먼저 내리면,
그 후에 전동차에 타자.**
전동차에 탔을 때, 문에 기대어
서 있으면 문이 열릴 때 문 틈에
옷이나 소지품이 빨려 들어갈 수 있어.
문에 기대어 서지 않도록 하자.

보호자에게 (위)전동차가 설 때에도 노란 점자 블록의 안쪽에서 줄을 서서 기다리는 습관을 가지세요. (아래)전동차에 타면 빈자리에 앉고, 앉지 못할 때는 손잡이를 잡도록 합니다.

건강

다치거나 병에 걸리지 않도록
조심해야 할 것을 퀴즈로 만들었어.
몸과 마음 상태가 나쁠 때 치료하거나
쉬는 것은 아주 중요한 일이야.

21. 밖에서 돌아오면 먼저 무엇을 해야 할까?

건강

손을 씻고 입을 헹군다.
밖에서 묻은 더러움이나 세균을 씻어 내자.
'꽃가루'가 날리는 계절에는
집에 들어가기 전에 머리나
옷에 묻은 꽃가루를 털어 내는 것이 좋아.

보호자에게 ▶ 옷이나 머리카락에 꽃가루가 묻어서 집 안으로 들어오는 경우가 있습니다. 현관에 들어가기 전에 손으로 털어 내세요. 가족 모두 털어야 합니다.

22 밥이나 간식은 씹지 않고 급하게 먹어도 될까?

조금씩 꼭꼭 씹어서 먹는다.
잘 씹어 먹어야 소화가 잘돼. 알레르기가 있는 음식은 먹지 않도록 하자.
가령 '달걀 알레르기'가 있는 사람이 달걀을 먹으면 큰일 나.
우유나 밀가루가 알레르기를 일으키기도 해.

보호자에게 알레르기가 있는 경우, 아이 본인이나 주변 사람에게 알려 주세요. 알레르기를 알리는 배지를 다는 것도 좋습니다. 알레르기가 있을 수 있으므로 다른 사람에게도 음식을 강요하면 안 됩니다.

23. 비디오 게임을 할 때 시간을 정하지 않고 놀아도 될까?

'○시가 되면 그만 한다.' '하루 ○시간' 등 보호자와 규칙을 만들고 지킨다. 비디오 게임 외에 다른 좋아하는 놀이도 즐겨 보자.

건강

24. 몸이 안 좋거나 많이 피곤할 때는 어떻게 해야 할까?

몸이 평소와 다를 때는 어떤 식으로 상태가 안 좋은지 어른에게 알리고 푹 쉰다. 머리나 배가 아프거나 열이 있으면 무리해서 움직이지 말자.

보호자에게 (위)게임이나 핸드폰에 의존하지 않도록, 하루 중 놀이 시간을 배분하여 아이에게 실내외의 다양한 놀이를 즐기게 해 주세요. (아래)하루를 활기차게 시작하기 위해 균형 잡힌 아침 식사를 하는 습관을 갖게 하세요. 아침을 거르거나 잠이 부족한 것은 교통사고나 부상의 원인이 됩니다.

25. '감염병'이 유행할 때는 무엇을 해야 할까?

손 씻기와 입 헹구기를 꼼꼼히 한다.
마스크를 올바르게 쓴다.
기침이나 재채기를 할 때는 마스크나 티슈, 손수건, 옷소매 등으로 입이나 코를 감싸자. 되도록 사람이 많은 곳에는 가지 말아야 해.

26. 더운 날에 놀 때는 무엇을 조심해야 할까?

목이 마르기 전에 물을 마신다.
몸이 너무 뜨거워지면 몸 상태가 나빠져. 물을 자주 마시고 짠 것을 먹는 것이 좋아. 밖에 나갈 때는 모자를 쓰자.

보호자에게 (아래)갑자기 더워진 날이나 오랜만에 더운 곳에서 활동할 때는 일사병에 주의하세요. 아이가 입고 벗기 쉽고, 체온 조절이 가능한 옷을 입도록 하세요. 기온이 높고 햇살이 강한 시간대에는 밖에서 노는 것을 자제해 주세요. 땀을 흘리면 옷을 갈아입는 습관을 가지도록 하세요.

27 수업 중에는 화장실에 가면 안 될까?

화장실 가는 것은 참지 않는다.
수업 중이라 해도 부끄러워하지 말고
선생님에게 말하고 다녀오면 돼.
볼일을 본 뒤에는
양변기 뚜껑을 닫고 물을 내리자.
끝나면 손을 씻고 손수건으로 닦자.

건강

28 강아지나 고양이를 놀라게 해도 될까?

놀라게 하거나 괴롭히지 않는다.
강아지나 고양이 입장에서 보면 너는 아주 큰 사람이야.
장난치지 않으면 다치지 않아.
주인 허락 없이, 그리고 주인 없이
돌아다니는 동물은 만지지 말자.

보호자에게 (위)놀거나 외출하기 전에 화장실에 다녀오는 습관을 갖도록 하세요. (아래)동물에게 물리면 작은 상처라도 비누와 물로 잘 씻고 깨끗한 거즈로 감습니다. 물리면 잡균이 들어가서 곪을 수도 있으니까 반드시 병원에 가세요.

29 긁히거나 칼에 베었을 때는 어떻게 해야 할까?

상처를 씻고 피를 멈추게 한다.
작은 상처라면 흐르는 물로 씻어서
더러움을 털어 내자.
피가 멈추면 반창고를 붙이자.
큰 상처라면 바로 어른에게 알리자.

30 코피가 나면 어떻게 해야 할까?

**의자에 앉아서 몸을 조금 앞으로
숙이고 코를 잡아 피를 막는다.**
코의 한가운데를 15분 정도 잡아 피를 막아.
차갑게 적신 수건으로 이마부터 코를 차갑게 해.
15분이 지나도 피가 멈추지
않을 때는 병원에 가자.

보호자에게 (아래)부딪히거나 만지면 코의 점막에 상처가 나서 피가 납니다. 재출혈을 막기 위해 코를 너무 세게 잡지 말고, 증상에 따라서 의사에게 진찰을 받으세요. 머리를 부딪혀 코피가 날 때는 처치와 동시에 구급차를 부르세요.

31 머리를 부딪혔을 때는 어떻게 해야 할까?

부었으면 차갑게 적신 수건 등으로 차갑게 한다.
어른을 불러서 "머리를 부딪혔다."고 말하자.
부딪힌 곳을 바닥에 대지 않고 누워서 조용히 쉬자.

32 화상을 입었을 때는 어떻게 해야 할까?

바로 찬물로 식힌다.
옷은 억지로 벗지 않고 바로 식히는 것이 중요해.
옆에 친구나 형제가 있을 때는 어른을 불러 달라고 하자.

33 모기에 물렸을 때는 어떻게 해야 할까?

가려워도 긁지 않는다.
비누와 흐르는 물로 물린 곳을 잘 씻자.
그 후 어른에게 약을 발라 달라고 하자.

보호자에게 (위)보호자는 옆에서 상황을 지켜보세요. 부딪힌 곳이 멍이 들었는데 계속 부어오르거나 몸이 늘어지거나 또는 구토나 경련이 있을 때는 바로 의사에게 진찰을 받으세요.

34. 친구가 괴롭힐 때는 어떻게 해야 할까?

"○○를 하면 싫어."라고 친구에게 확실하게 말한다.
친구가 괴롭히니까 슬펐을 거야. 친구에게 싫었다는 것을 말해 주자.
그런데도 그만두지 않을 때는 부모님이나 선생님에게 말하자.

> **보호자에게** 아이의 이야기를 끝까지 잘 듣고, 아이의 마음을 받아 주고 다독여 주세요. 아이의 말뿐 아니라 상대방의 말도 듣는 자세가 중요합니다. 경우에 따라서는 유치원이나 학교에도 알리는 것을 생각해 봅니다.

35 친구를 괴롭혔을 때는 어떻게 해야 할까?

건강

친구에게 진심으로 사과한다.
친구가 싫어하는 행동을 하지 말자.
"○○을 해서 미안해."라고 상대에게 진심으로 사과하자.
다치게 만들었을 때는 부모님에게 말하자.

보호자에게 상대를 괴롭혔을 때는 무엇이 잘못이었는지 아이와 함께 생각하고 진심으로 사과하는 것을 가르쳐 주세요. 내용에 따라서는 보호자가 같이 사과를 할 필요가 있습니다.

사고 예방

집이나 유치원, 학교 안에도 밖에도
잘못 사용하면 위험한 물건이 많이 있어.
어떤 행동을 하면 위험한지 알아 두면 좋아.

36. 복도나 계단에서 뛰거나 장난쳐도 될까?

사고 예방

앞을 보고 천천히 걷는다.
달리거나 놀다 보면 사람과 부딪쳐서 넘어지거나 상대를 넘어뜨리게 돼.
호주머니에 손을 넣고 걸으면 넘어졌을 때 바닥에
손을 짚지 못해서 크게 다칠 수 있어.

보호자에게 뒤에 사람이 있을지도 모르니 걷다가 갑자기 멈추지 않도록 합니다. 모퉁이 앞에서는 잠시 서서, 맞은편에서 오는 사람과 부딪치지 않도록 조심합니다.

37 문을 세게 열어도 될까?

천천히 열고, 천천히 닫는다.
세게 열거나 닫으면 문 맞은편에 있는 사람이 문에 부딪힐 수도 있어.
닫을 때는 문틈에 손가락이 끼지 않도록 조심하자.

보호자에게 문 맞은편이 보이지 않을 때는 노크를 하거나 말을 걸어 문 앞에 사람이 없는 것을 확인합니다. 미닫이문도 마찬가지입니다. 문이 열리는 쪽의 바닥에 표시를 해 두면 알기 쉽습니다.

38. 콘센트를 젖은 손으로 만져도 될까?

젖은 손으로 만지지 않는다.
젖은 손으로 만지면 '감전되어' 목숨이 위험해질 정도로 크게 다칠 수가 있어.
구멍 안에는 전기가 통하고 있으니까 절대 다른 물건을 넣으면 안 돼.

사고 예방

39. 난로에 너무 가까이 다가가면 왜 안 되는 걸까?

너무 가까이 다가가면 화상을 입을 수 있기 때문이다.
정해진 거리만큼 떨어져서 온기를 느끼자.
울타리가 있을 때는 울타리를 옮기거나 안에 들어가면 안 돼.

보호자에게 (아래)난로에 울타리를 치거나 난로 주변에 불에 타기 쉬운 물건을 놓지 않아, 아이에게 '불이 나는 기구'에 긴장감을 느끼도록 합니다.

40 가위를 휘둘러도 될까?

가위날에 손이나 손가락을 다칠 수 있으니까 휘두르면 안 된다.
남에게 줄 때는 가위에 덮개를 덮자.
덮개가 없을 때는 가위를 오므려서 '손잡이' 부분을
상대방 쪽으로 돌려서 주어야 해.
다 쓰면 제자리에 보관하자.

보호자에게 ▶ 연필도 남에게 줄 때는 뾰족한 곳을 자기 쪽으로 하여 줍니다. 정리정돈이 안 되어 물건이 아무 데나 있으면 밟거나 걸려서 다칠 수 있습니다. 가정에서도 정리정돈을 하도록 지도합니다.

41. 욕실에서 장난치면 왜 안 되는 걸까?

물이나 비누가 묻은 바닥과 벽은 미끄럽기 때문이다.
샤워나 목욕할 때는 물을 손으로 만져서 적당한 온도인 것을 확인한 뒤 몸에 끼얹자.

42. 걸으면서 양치를 하면 왜 안 되는 걸까?

넘어졌을 때 칫솔이 목에 걸려서 다칠 수 있기 때문이다.
사람이 가까이 있을 때는 부딪히지 않도록 조심하자.

사고 예방

보호자에게 (위)수심 5cm 물에도 빠질 수가 있습니다. 어린 아이가 있을 경우, 욕조에 물을 담아 두지 않습니다. (아래)마찬가지로 젓가락이나 빨대, 막대 사탕 등 막대기 형태를 입에 물거나 손에 들고 돌아다니지 않도록 지도합니다.

43 전자레인지로 음식을 오랜 시간 데워도 될까?

너무 오래 데우지 않도록 조심한다.
짧은 시간에 지켜보면서 조금씩 데우는 것이 좋아.
달걀이나 밤 등 '껍질'이 있는 음식을 데우면 터질 수 있어.

44 주전자나 전기 주전자에서 나오는 '증기'를 만져도 될까?

화상 위험이 있으니까 주전자나 전기 주전자 입구에 손이나 얼굴을 갖다 대지 않는다.
증기는 아주 뜨거우니까 화상을 입을지도 몰라.
다리미도 뜨거우니까 조심하자.

보호자에게 (위)아이가 전자레인지를 쓰기 시작하면 데울 수 있는 것과 없는 것, 시간 등을 매번 같이 확인합니다. 부적절하게 사용하면 안에서 불이 나거나 터져 나오는 것에 다칠 수 있으니 조금 떨어져서 기다립니다.

45. 가스레인지 근처에서 장난치면 왜 안 되는 걸까?

**불이 옷이나 물건에 옮겨 붙으면
화상을 입거나 화재로 번질 수 있기 때문이다.**
스위치를 누르는 장난은 하지 말아야 해.
가스레인지 주변에서 이상한 냄새가
날 때는 가스가 새는 것일 수도 있어.
부모님에게 당장 말하자.

사고 예방

46. 부엌칼을 아이들끼리 써도 될까?

**반드시 어른과 함께 쓴다.
칼은 잘못 다루면 크게
다칠 수가 있다.**
그러니까 절대 갖고
놀지 말아야 해.
다 썼으면 반드시 어른에게
돌려주자.

> **보호자에게** (아래)물건이 항상 제자리에 있도록 지도해 주세요. 특히 부엌칼 등의 위험물은 고정된 장소에 보관하면 위험한 물건이라는 인식을 아이가 갖기 쉽습니다.

47. 베란다나 창문 근처에서 장난쳐도 될까?

안 된다. 난간이나 물건에는 절대로 올라가지 않는다.
높은 곳에서 사람이 떨어지면, 생명이 위험해질 만큼 크게 다칠 수도 있으니까
물건에 올라서서 아래를 내려다보지 말아야 해.
작은 물건이라 해도 밖으로 떨어뜨리면 절대 안 돼.

48. 아기가 근처에 있을 때 무엇을 조심해야 할까?

**아기와 부딪히면 위험하니까
뛰어다니지 않고 얌전히 있는다.**
아기는 먹어도 되는 것과
먹으면 안 되는 것을 구별하지 못해.
아기 옆에는 구슬 같은 작은 물건을 두지 말아야 해.

> **보호자에게** (위)베란다에는 최대한 물건을 두지 마세요. 물건을 받침대 삼아서 올라섰다가 아이가 떨어질 우려가 있습니다. (아래)아이에게 아기 형제가 있는 경우는 바닥에 작은 물건을 두지 않도록 지도해 주세요. 특히 땅콩은 알레르기가 있는 아이도 있으므로 주의가 필요합니다.

49. 공원의 놀이기구는 어떻게 이용해야 할까?

사고 예방

규칙을 지키며 안전하게 논다.
미끄럼틀은 미끄러지는 탈것, 그네는 앉아서 노는 탈것.
정해진 놀이 방법을 지키지 않으면 크게 다칠 수도 있어.
규칙이나 순서를 지키자.

보호자에게 ▶ 예를 들어, '미끄럼틀은 타고 내려오면 다음 사람이 뒤이어 미끄러져 내려오니 바로 비킨다. 미끄럼틀 아래를 지나갈 때는 타고 내려온 사람과 부딪힐 수 있으니 조심한다.' 등 주변을 살피면서 놀도록 지도해 주세요.

50. 에스컬레이터에 탈 때는 무엇을 잡아야 할까?

넘어지거나 떨어지지 않도록 이동 손잡이를 잡는다.
또 이동 손잡이 밖으로 몸을 내밀지 말아야 해.
에스컬레이터에서 내릴 때는 뒷사람에게
방해되지 않도록 멈추지 말고 앞으로 가자.

보호자에게 ▶ 발판에 올라타면 걷지 말고 한쪽에서 멈춥니다. 긴 치마나 신발 끈이 발판에 빨려 들어가지 않도록 노란 선 안쪽에 서서 발밑을 조심해 주세요.

51. 공사 현장에 멋대로 들어가도 될까?

공사 현장에는 들어가지 않는다.
공사 현장 직원의 안내에 따르자.
도로나 건물 공사를 하는 곳에서는
위에서 물건이 떨어질지도 몰라.

사고 예방

52. 우산으로 장난치면 왜 안 되는 걸까?

우산 끝이 뾰족해서 위험하기 때문이다.
우산 끝을 밑으로 향하게 해서 들고 다니자.
사람이 없는 곳을 향해 펼치자.

우산을 갖고 걸을 때는 손을
앞뒤로 흔들면 안 돼.
망가져서 못 쓰게 되었을 때는
집으로 갖고 돌아가자.

보호자에게 (아래)투명해서 앞이 잘 보이는 우산이나 비옷도 있습니다. 우산을 쓰고 자전거를 타는 것은 위험합니다. 한 손으로만 핸들을 잡게 되어, 브레이크도 잡기 힘들어 위험하니까 절대로 하지 맙시다.

53 물통을 갖고 다닐 때는 어떤 점을 조심해야 할까?

물통은 되도록 가방에 넣고 다닌다.
목에 끈으로 매달고 걷다가 넘어지면
물통이 가슴을 쳐서 정신을 잃게 되는 수도 있어.
끈이 있는 것은 뭔가에 걸릴 수 있으니까 조심하자.

54 후드가 있는 옷을 입을 때는 어떤 점을 조심해야 할까?

나뭇가지나 문, 미끄럼틀에 걸리지 않도록 한다.
목 주변의 천을 잡아당기면
숨을 쉴 수 없게 돼.
목도리를 하거나
치마를 입었을 때도
물건에 걸리지 않도록
평소보다 조심하자.

보호자에게 (위)물통만이 아니라, 끈을 목에 걸면 주변 물건에 걸려서 사고로 이어질 우려가 있습니다. (아래)후드가 있는 옷을 입고 놀 때는 후드를 안쪽으로 접거나 벗도록 합니다.

55 아이들끼리 강에 놀러 가도 될까?

사고 예방

어른과 함께 간다.
미끄러지지 않는 신발을 신고 구명조끼를 입자.
옷을 입은 채로 강에 들어가지 말아야 해.
얕은 물로 보여도 갑자기 깊어지거나 물살이 빨라질 수 있어.
물에 빠진 물건은 절대로 잡으러 가면 안 돼.

> **보호자에게** 사이렌이 울릴 때, 강의 상류 하늘에 검은 구름이 보일 때, 천둥소리가 들릴 때, 비가 내릴 때, 갑자기 낙엽이 떠내려 올 때는 급작스럽게 물이 불어날 수 있으므로 신속히 대피해 주세요.

56. 연못 바로 앞까지 다가가도 될까?

되도록 다가가지 않는다.
물의 깊이가 얕아 보여도 갑자기 깊어지는 곳이 있어.
떨어지면 스스로 올라오지 못할 수가 있어. *'용수로'에도 다가가지 않도록 해.
'용수로'를 뛰어넘으려고 하면 안 돼.

*용수로 : 저수지나 강에서 논·밭까지 물을 보내는 통로.

57. 아이들끼리 바다에 놀러 가도 될까?

어른과 함께 간다.
뾰족한 것을 밟지 않도록 모래사장을
걸을 때는 신발이나 샌들을 신자.
햇볕에 타는 것도 조심해야 해.
준비 운동을 잘하고 바다에 들어가자.
금지된 장소에서는 절대로 놀면 안 돼.

> **보호자에게** (위)저수지 경사면은 진흙이거나 이끼가 돋아서 미끄러지기 쉽고, 떨어지면 스스로 올라오는 것이 아주 어렵기 때문에 다가가지 않도록 지도해 주세요.

58 산에 갈 때 긴팔이나 긴바지는 왜 입는 걸까?

벌레에 물리거나 나뭇가지에 다치지 않도록 하기 위해서다.
땅이 미끄러울 수 있어.
산길에서 걷기 편한 신발을 신고,
신발 끈에 걸리지 않도록 조심하자.
반드시 어른과 함께 가자.

사고 예방

59 불꽃놀이를 할 때, 불꽃이 나오는 곳이 사람에게 향해도 될까?

불꽃이 나오는 곳을 사람에게 향하게 해서는 안 된다.
성냥이나 라이터로 불을 붙이는
것은 어른에게 부탁하자.
위로 쏘아 올리는 폭죽은 불꽃이
나오는 곳을 절대로 들여다보면 안 돼.
반드시 어른과 함께하자.

보호자에게 (아래)근처에 불에 타기 쉬운 것이 없는지 확인해 주세요. 시작하기 전에 소화용 물을 준비해 두고, 뒷정리는 꼼꼼히 해 주세요. 뒷정리를 아이와 함께하다 보면, 불을 다룰 때 조심해야 할 것을 알려 줄 수 있습니다.

범죄 예방

밖에 나가면 여러 사람을 만나게 돼.
친절한 사람도 있지만 그렇지 않은 사람도 있어.
나쁜 일에 휘말리거나 무서운 경험을 하지 않도록
조심해야 할 것들을 퀴즈로 만들었어.

60. 놀러 나가기 전에 부모님에게 알려야 할 것은 무엇일까?

'행선지와 귀가 시간, 같이 노는 친구 이름'을 말한다.
부모님과 정한 '귀가 시간'을 잘 지키자.
부모님이 안 계실 때는 미리 약속한 방법으로 연락하자.

61. 집 열쇠를 갖고 나갈 때는 어디에 보관해야 할까?

바지의 벨트에 끈으로 묶어서 호주머니에 넣는 등 **'보이지 않고 잃어버리지 않는 곳'**에 보관한다.
열쇠에 끈을 달아 목에 매달면, 집이 비어 있다고 주변 사람에게 알리는 셈이야.

범죄 예방

> **보호자에게** (위)아이와 함께 '규칙을 만들어서 지키는 것'을 중요하게 생각합니다. 아이가 핸드폰을 갖게 되면 귀가가 조금 늦어지는 것을 허용하기 쉽지만, 기본적으로는 처음에 약속한 시간을 지킬 수 있도록 지도해 주세요.

62. 학교에 갈 때나 돌아올 때 '통학로'가 아닌 곳으로 다녀도 될까?

정해진 '통학로'로 다닌다.
되도록 친구와 함께 걷자.
이름을 적은 물건은 뒤집거나 가방에 넣어서
'개인 정보'가 주변 사람에게 보이지 않도록 하자.

> **보호자에게** 아이는 누가 자기 이름을 부르면 경계심이 옅어집니다. 범죄 예방을 위해 명찰이나 이름이 붙은 물건은 등하교 시에는 주변 사람에게 보이지 않도록 해 주세요. 단, 등하교 시에 명찰을 갖고 있는 것은 사고나 화재 시에 중요한 정보가 됩니다.

63. 이웃 주민을 만났을 때 무엇을 해야 할까?

씩씩하게 인사를 한다.
이웃 주민과 친하게 지내면 무서운 일을
당했을 때도 도움을 받기 쉬워.
"안녕하세요."라고 씩씩하게 말하자.

안녕하세요.

범죄 예방

> **보호자에게** 인사는 안전의 기본입니다. 가족이나 이웃 주민과 신뢰 관계를 쌓으면, 낯선 사람을 알아차리기 쉽고 위험한 상황에서 아이가 도움을 받을 수 있습니다.

64. 친구와 헤어져서 혼자가 되었을 때, 다른 곳에 들러도 될까?

다른 곳에 들르지 않고 곧장 집으로 간다.
혼자 있을 때는 위험한 일을 당하기 쉬우니까 특히 신경 써서 걷자.
경보기를 손에 들고 있다가 무슨 일이 생기면 누르도록 해.

65. 혼자 걸을 때는 어떤 길로 다녀야 할까?

밝고 사람들이 많이 오가는 길로 다닌다.
뭔가 무서운 일이 있을 때 바로 알아차리기 쉽도록 사람들이 많은 큰길로 다니자.
혼자 있을 때는 부모님 이외의 어른과 둘만 있지 않도록 해.

보호자에게 (위)(아래)집단 등하교를 하고 있어도 도중에 아이가 혼자가 되는 일이 있습니다. 아동 안전 지킴이집이 어디에 있는지 아이와 함께 확인하거나 보호자가 데리러 가는 것도 중요합니다.

아무도 없는 집에 들어갈 때는 무엇을 조심해야 할까?

근처에 사람이 없는지를 확인하고 재빨리 들어간다.
누군가가 집 주변에서 기다렸다가 네가 집으로
들어갈 때 함께 안으로 들어갈지도 몰라.
집에 들어가면 우선 문을 잠그자.

67. 혼자서 집을 지킬 때 인터폰을 받아야 할까?

받지 않아도 된다.
모니터로 얼굴을 확인하고
가족인 것을 알았을 때만 받는 등
부모님과 규칙을 정해 두자.
부모님이 돌아올 때까지
인터넷은 하지 않도록 해.

범죄 예방

보호자에게 (아래)도어체인을 하고 있어도 얼굴을 마주하게 되면 아이는 모르는 사람의 부탁도 거절하기 어려워합니다. "몇 시 정도에 인터폰이 울렸다."고 보호자에게 말하도록 지도합니다. 되도록 아이들끼리 집에 두지 않는 것이 바람직합니다.

68. 외출했을 때 부모님과 떨어져도 될까?

사람이 많은 곳에서는 뒤처지지 않도록 부모님과 손을 잡는다.
뒤처지면 어떻게 할지 부모님과 정해 두자.
길을 잃었을 때는 가게 주인에게
"길을 잃었어요."라고 말하는 게 좋아.

69. 축제나 불꽃놀이에 아이들끼리 가도 될까?

어른과 함께 간다.
밤 행사에는 반드시 어른과 함께 가자.
너무 들떠서 길을 잃거나,
사건이나 사고에 휘말리지 않도록
평소보다 조심하자.
가방이나 돈을 잘 관리하자.

보호자에게 (아래)행사에 친구와 함께 갈 때는 인솔해 주는 보호자에게, 뒤처졌을 때 할 행동을 확인해 둡니다. 사람이 많은 장소라고 안심하지 말고, 범죄를 계획하는 사람이 섞여 있을지도 모른다는 점을 지도합니다.

70. 외출했을 때 화장실에 혼자서 가도 될까?

혼자서는 가지 않는다.
밝고 사람이 많은 장소라 해도
어른과 함께 가자.
화장실이나 매점 등 금방 끝나는
용무도 어른과 함께 가야 해.

71. 엘리베이터에 혼자서 타도 될까?

되도록 혼자서는 타지 않는다.
모르는 사람과 둘이서 타지 않는다.
문이 완전히 열린 뒤 사람이 내리면 타자.
혼자서 탈 때는 금방 내릴 수 있게 되도록
입구 옆에 서자.
갇혔을 때는 '비상 버튼'을 눌러.

범죄 예방

보호자에게 (위)마트나 식당에서도 사각지대가 되는 화장실 등에서 유괴나 성범죄 등이 발생합니다. 이성 부모의 경우는 화장실 입구에서 대기하고 아이에게 말을 거는 등 보호자의 존재를 주위에 알려 주세요. 이러한 상황에서 '자립'을 고집할 필요는 없습니다.

72. 밖에서 혼자 있을 때 어른이 아주 가깝게 다가와서 이야기해도 될까?

너무 가깝게 다가오면 안 된다.
그림처럼 두 팔을 뻗을 정도의 큰 풍선에 들어갔다고 생각하자. 이 안에는 누구도 들어올 수 없어. '나의 풍선'만큼 거리가 있으면 상대와 간격이 생기니까 무슨 일이 있을 때도 도망치기 쉬워.

73. 누군가가 "길을 알려 줘."라고 말하면 어떻게 해야 할까?

그 자리에서 말과 손가락으로 길을 알려 준다.
어른은 스스로 갈 수 있으니까 괜찮아. 같이 가지는 않아도 돼.

> **보호자에게** (위)어른과 아이가 팔을 뻗었을 때 생기는 대략 120cm의 거리를 유지하고 있으면 갑자기 손을 잡힐 가능성이 낮습니다. (아래)어른이 길을 물어도 "무시해."라고 가르치면 도덕적인 가르침과 어긋납니다. "그 자리에서 할 수 있는 것을 해."라고 지도합니다.

74. 나쁜 짓을 당하지 않으려면 어떤 사람을 조심해야 할까?

아이를 괴롭히거나 유괴하는 사람은 겉으로 봐서는 알 수 없다.
'수상한 사람'이나 '모르는 사람' 등 '사람'의 겉모습이 아니라
네가 싫어하거나 무서워하는 행동을 하는가 아닌가를 잘 살펴봐야 해.

범죄 예방

보호자에게 ▶ 범죄자는 딱 봐도 수상한 모습을 하고 있다는 보장이 없습니다. 72번의 '나의 풍선' 거리를 유지하면서, '사람'이 아니라 '행위(아이에게 어떤 짓을 하려는 건가)'로 구분하는 것이 중요합니다.

75. 무서운 일이나 싫어하는 일을 당할 것 같으면 어떻게 해야 할까?

그때 할 수 있는 방법으로 도움을 청한다.
★ "도와주세요!" 하고 큰 소리로 외친다.
★ 경보기를 누른다.
★ 가장 가까운 가게로 달려가서 도움을 청한다.
네가 아는 사람이든 모르는 사람이든 무서운 일이나 싫어하는 일을 당할 것 같으면 도움을 청해도 돼.

보호자에게 막상 위험할 때 많은 아이들은 큰 소리를 내지 못합니다. 외출하기 전에 경보기를 실제로 눌러 보면 아이에게 경계심을 갖게 할 수 있습니다. "무서운 일을 겪었거나 당할 것 같을 때는 반드시 말해 줘."라고 지도해 주세요.

76 누군가에게 유괴당하고 있다! 큰 소리를 내지 못하거나 경보기를 누를 수 없을 때는 어떻게 해야 할까?

손을 써서 도움을 청한다.

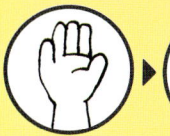  

이 손 모양에는
"도와주세요!"라는 의미가 있어.
주변 사람이 알아차리도록
이 사인을 보여 주자.

77 짐이 무거울 때 누군가 쫓아오면 어떻게 해야 할까?

짐이 무거워서 달리기 힘들 때는
짐을 두고 도망간다.
도망치기 쉽도록 책가방이나
배낭 등 무거운 것은 그 자리에 두고 가자.
너의 목숨을 지키는 것이 제일 중요해.

범죄 예방

보호자에게 (위)가해자 몰래 피해를 제3자에게 알리는 수신호는 가해자를 자극하지 않고 도움을 청할 수 있는 방법입니다. (아래)책가방에는 집 주소를 적지 않는 것이 좋습니다.

78. 누군가 "차에 타."라고 말하면 어떻게 해야 할까?

부모님 이외의 차에는 혼자서 타지 않는다.
"함께 차에 타고 장난감을 사러 가자."
라고 해도 "차에 타면 안 된다고 배웠어요."
라고 말하고 그 자리를 떠나야 해.
차에 타도 될 때는 부모님이
타도 된다고 말했을 때뿐이야.

79. 무서운 일이나 어려운 일이 있으면 누구에게 도와 달라고 할까?

도와줄 사람은 많이 있다.
★파출소의 경찰
★'아동 안전 지킴이집'의 사람
★가게 주인
★근처에 있는 사람
망설이지 말고 도움을 청하자.
사는 지역에서 바로 도움을 청할 수 있는 장소가
어디인지 확인해 두면 좋아.

> 보호자에게 (아래)아이가 활동하는 곳의 파출소나 '아동 안전 지킴이집'을 아이와 함께 확인하고, 그곳 사람에게 인사를 해 두면 좋습니다. 위험할 때 아이가 달려가 도움을 구하기 쉽습니다.

80. 누군가 몸을 만지려고 하면 어떻게 해야 할까?

"하지 마세요!", "싫어요!" 하고
정확하게 말한다.
그만두지 않을 때는
"도와주세요!" 하고 여러 번 외치자.
목소리를 내기 힘들 때는
경보기를 누르거나
그 사람에게서 빨리 도망쳐야 해.

81. 몸 중에서 다른 사람이 만지면 안 되는 곳은 어디일까?

'입'과 '수영복을 입었을 때 가리는 곳'은
자기 이외의 사람이 만지면 안 된다.
아주 소중한 곳이니까 보이거나
사진을 찍히는 것도 안 돼.

범죄 예방

> **보호자에게** (아래)'수영복으로 가리는 부분은 다른 사람에게 보여 주거나 만지게 하지 않는다.'라고 확실하게 약속합니다. 아이의 성별은 관계없습니다. 남자아이가 성범죄를 당하는 일도 적지 않습니다.

핸드폰은 실컷 해도 될까?

'○시가 되면 그만 한다.',
'하루 ○시간' 등 부모님과
규칙을 정하고 지킨다.
늦은 시간까지 혼자서 하다 보면 모르는 사이에
위험한 사이트에 접속할지도 몰라.
부모님이 계실 때 하자.

인터넷으로 알게 된 사람이 너의 주소를 묻는다면 알려 줘도 될까?

이름이나 학교, 생일, 주소 등은
알려 주지 않는다.
인터넷의 친구는 사실을
말하지 않는 경우도 있어.
"네 사진을 보내 줘."라고 말해도
보내지 말아야 해.

보호자에게 (위)(아래)핸드폰 게임 안에 메신저 기능이 있어서, 외부인과 접촉하여 문제가 되는 경우도 있습니다. 필터링 기능을 사용하면 피해를 막을 수 있으므로, 아이에게 핸드폰을 주기 전에 반드시 설정합니다.

84. 인터넷으로 알게 된 사람이 "만나고 싶다."고 말하면 어떻게 해야 할까?

인터넷으로 알게 된 사람과는 직접 만나지 않는다.
꼭 만나고 싶을 때는 부모님에게 말하고 함께 만나러 가자. 미리 "직접 만날 수 없다.", "개인 정보는 알려 줄 수 없다."고 말해 두면 좋아.

85. 인터넷으로 돈을 보내라고 하면 어떻게 해야 할까?

바로 부모님에게 말한다.
'무료'라고 적혀 있어도 도중에 돈을 내야 사용할 수 있는 앱도 있어. 부모님이 "써도 된다."고 말한 앱 이외에는 절대로 쓰지 않도록 하자.

범죄 예방

보호자에게 (위)(아래)아이에게 핸드폰을 사 줄 때는 보호자가 관리하고, 보호자와 함께 정한 약속을 지키도록 지도해 주세요. 요금은 제한을 두는 것이 좋습니다.

재해 예방

우리나라는 '지진'이나 '태풍' 같은
재해가 종종 일어나.
무슨 일이 있을 때 어떻게 하면 되는지
알아 두면 좋아.

86 처음 가는 장소에 갔을 때 알아 두면 좋은 것은 무엇일까?

'비상구'나 '대피로'를 확인해 둔다.
처음 가는 곳은 만약 화재나 지진이 나면 어디로 피해야 하는지 알 수 없어.
위험할 때 어떻게, 어디로 피하는지 알아 두자.

재해 예방

보호자에게 쇼핑몰이나 영화관, 여행지의 숙박업소 등에 갔을 때는 비상구를 확인하는 습관을 가지세요. 대피할 때는 슬리퍼가 아니라 신발을 신습니다.

87. 건물 안에서 지진이 났을 때는 우선 어떻게 해야 할까?

머리를 보호하기 위해 책상 밑에 숨는다.
일단 위에서 떨어지는 것으로부터 머리를 보호하는 것이 중요해. 책장이나 창문에서 멀리 떨어져. 화장실에 있을 때는 갇히지 않도록 문을 열자.

88. 건물 밖에서 지진이 났을 때는 우선 어떻게 해야 할까?

쓰러질 것 같은 물건으로부터 멀리 떨어진다.
낡은 벽돌담이나 자동판매기 등에서 멀리 떨어져.
위에서 떨어지는 것들에도 조심하자.
공원이나 공터 등 넓은 곳으로 피하자.

보호자에게 (위)책상이 없을 때는 웅크리고 쿠션처럼 근처에 있는 것으로 머리를 감싸서 보호합니다.

89. 바다 근처에 있을 때 지진이 나면 어떻게 해야 할까?

'해일'이 올지도 모르니까 당장 높은 곳으로 피한다.
높은 언덕이 멀리 있을 때는 근처에 있는 3층 이상의 튼튼한 건물로 피해.
가족이 함께 없어도 우선 피하자.

재해 예방

보호자에게 우선은 자신의 목숨을 지키는 것이 중요하다고 지도합니다. 짐을 들지 않고 높은 곳으로 도망치는 것이 중요합니다. 지진해일 특보가 해제될 때까지 낮은 곳으로 가지 않습니다.

90 산에 있을 때 화산이 폭발하면 어떻게 해야 할까?

안전하게 재빨리 산을 내려온다.
화산이 폭발하면
가스가 나오니까 손수건 등으로
입과 코를 가려.
화산에서 날아오는 돌에
맞지 않도록 근처에
*산막이 있으면
그곳으로 도망치자.
몸을 웅크리고 머리를 보호하자.

*산막 : 사냥꾼이나 약초를 캐는 사람이 임시로 쓰려고 산속에 간단히 지은 집.

91 '대피소'에서 지낼 때는 떠들어도 될까?

되도록 조용히 한다.
아기나 노인, 아픈 사람 등
여러 사람이 있기 때문이야.
하지만 슬플 때나 무서울 때는
참지 말고 울어도 돼.
화장실은 줄을 설지도 모르니까
미리 다녀오자.
짐을 잘 정리하자.

보호자에게 (아래)탈수증 예방을 위해서 수분을 충분히 섭취해 주세요. 대피소에도 규칙이 있다는 것을 지도합니다. TV가 있어도 어린 아이들에게는 지진이나 해일 등의 영상을 반복해서 보여 주지 마세요.

92. 밖에 있을 때 큰비나 집중호우가 쏟아지면 어떻게 해야 할까?

튼튼한 건물 안으로 들어간다.
집중호우는 갑자기 세차게 쏟아지는 비를 말해. 검은 구름이 다가오거나 벼락이 칠 때는 건물 안에 있자. 급한 일이 아니라면 외출을 하지 말자.

93. 밖에 있을 때 벼락이 내리치면 어떻게 해야 할까?

키가 큰 나무나 전봇대 등으로부터 멀리 떨어진다.
벼락은 키가 큰 것에 떨어져. 건물이나 차 안에 들어가서 벼락이 그치기를 기다리자.

재해 예방

보호자에게 (위)큰비가 내리면 강이나 용수로의 수량이 증가해서 떠내려갈 우려가 있기 때문에 가까이 가면 안 됩니다. 또 침수된 도로는 맨홀 뚜껑이 열려 있을 수도 있으니 다니지 마세요.

94 밖에 있을 때 우박이 떨어지면 어떻게 해야 할까?

가방 등으로 머리를 보호하면서 재빨리 건물 안으로 들어간다.
우박은 하늘에서 물방울이 얼어 떨어지는 얼음덩어리를 말해. 우산을 찢는 일도 있으니까 맞으면 다쳐.

95 눈이 내릴 때 도로에서 달려도 될까?

되도록 보폭을 좁게 하고 허리를 낮추고 천천히 걷는다.
눈이 내리거나 땅이 얼어 있으면 미끄러질 수 있어. 외출할 때는 잘 미끄러지지 않는 신발을 신자.

96 태풍이 오고 있다. 밖에 나가도 될까?

건물 안에 들어가서 태풍이 지나가길 기다린다.
강한 바람에 간판이나 나뭇가지 등이 날아와서 다칠지도 몰라. 바다나 강에는 절대로 다가가지 않도록 하자.

보호자에게 (아래)태풍이 아니어도 폭풍이 불 때는 우산이 부러져서 망가지거나 날아가서 다칠 수가 있습니다. 바람이 강할 때는 되도록 외출을 하지 않습니다. 우산은 망가지면 위험하니 비옷을 사용합시다. 미리 대피소에 가는 것도 생각해 봅니다.

97
불이야! 대피할 때 무엇을 조심해야 할까?

밀지 않는다-뛰지 않는다-떠들지 않는다-되돌아가지 않는다.
'밀-뛰-떠-되'를 기억하며 대피하자.
연기를 마시지 않도록 손수건 등으로 입과 코를 가리고 허리를 숙이고 피하자.
중요한 것을 놓고 왔어도 가지러 가지 말아야 해. 지진이 났을 때도 마찬가지야.

98
사건이나 사고가 일어나면 우선 어떻게 해야 할까?

입과 코를 가리고 불이나 소리,
냄새가 나는 장소에서 멀리 떨어진다.
어른과 함께 있으면 어른을 따라서 피하자.
도망치기 힘들 때는 짐을 두고 가도 돼.

재해예방

보호자에게 (위)(아래)불을 발견하면, "불이야!" 하고 큰 소리로 주변 사람에게 알리면서 대피합니다. 연기가 가득 찼을 경우, 벽에 손을 대고 출구로 향하는 방법이 좋습니다. 만약 불이 몸에 붙으면, 절대로 달리지 말고 땅에 굴러서 끕니다.

99. 전화로 경찰을 부를 때 전화번호는 몇 번일까?

'112번'으로 전화를 건다.
교통사고를 봤을 때나 무서운 일을
당했을 때는 112번으로 전화를 걸자.
이 번호는 '경찰'로 연결돼.
연결되면 어디서 무슨 일이 있었는지
물어보니까 침착하게 대답하자.

▶ 보호자에게 ◀ 만약 피해를 당했을 때나 목격했을 때는 주저 없이 신고해 주세요. 2차 피해를 막을 수 있습니다. 성범죄 같은 경우에도 상담을 받으세요. 또 학교 폭력 신고는 117번, 실종 아동 찾기 대표 전화는 182번입니다.

100. 전화로 구급차나 소방차를 부를 때 전화번호는 몇 번일까?

'119번'으로 전화를 건다.
불이 났거나 크게 다친 사람, 아파서 쓰러진 사람이 있을 때는 119번으로 전화를 걸자. 이 번호는 119 안전신고센터로 연결돼.

재해 예방

보호자에게 119 안전신고센터는 영상 통화, 문자, 앱을 통해서도 신고가 가능합니다. 119 안전신고센터는 정말 위급한 상황에 놓인 사람들을 위한 곳이므로 장난 전화를 걸지 않도록 지도해 주세요.

부모님에게

지금까지 유치원이나 어린이집에서 어른에게 보호받던
아이들은 학교에 가게 되면 혼자서 지내는 시간이 늘어납니다.
부모는 평생 아이 옆에서 손을 잡고 있어 줄 수 없습니다.
사회에는 아이를 지켜 주는 사람이나 다양한 기관이 있지만,
아이는 어른의 보호 아래에서 발달 단계에 따라
자신을 스스로 지키는 법을 배워야 합니다.
생활 속에서 생기는 부상이나 사고, 범죄나 재해 등에 대한 예비지식을 갖추고,
어떻게 하면 예방할 수 있는지를 부모와 아이가 실제로 확인해 본다면,
불안은 옅어지고 더 확실한 '안전력'이 생길 것입니다.
모든 아이가 안심하고 안전하게 생활할 수 있게 되기를 바랍니다.

도와주세요 카드

'도와주세요 카드'는 아이의 긴급 사태를 주위에 알리기 위한 카드입니다. 막상 위험할 때, 큰 소리를 내지 못할 때나 경보기를 울리지 못할 때에 도움이 됩니다. 노란색 등 눈에 띄기 쉬운 색깔의 종이를 준비해서, 크게 '도와주세요!', 작게 '지금 바로 저를 보호해 주세요. 경찰에 연락해(112번) 주세요.'라고 적습니다. 뒷면에는 보호자의 연락처나 유치원·학교 연락처를 적어 두면 좋습니다. 코팅을 하는 등 단단하게 만들어서 아이가 갖고 다니게 해 주세요. 보호자와 아이가 같이 사용 방법을 연습해 보는 것도 좋습니다.

집에서 준비할 수 있는 것

안전 약속 스티커

아이가 생활하는 가정이나 지역, 유치원이나 학교에는 각각 안전을 위해 지켜야 하는 것이 있습니다. 아이에게 그 위험성이나 의미를 가르쳐 주고, 특히 위험도가 높은 장소(물을 사용하는 욕실, 불을 사용하는 부엌, 떨어지기 쉬운 베란다에 있는 창문 등)에는 잘 보이도록 '안전 약속 스티커'를 붙여 둡니다. 3~5cm정도 스티커에 매직으로 'X' 표시를 합니다. 아이가 좋아하는 캐릭터가 그려진 스티커도 좋습니다. 아이와 약속을 하고, 같이 스티커를 붙이거나 일상생활에서 스티커를 보다 보면 더 약속을 지키기 쉬워집니다. 아이와 가끔 퀴즈를 내면서 약속한 것을 확인해 주세요.

우리 가족의 약속

아이의 안전을 지키기 위해, 아이와 함께 이야기하여 '가족의 약속'을 정해 둡니다. 부모가 정하고 아이에게 지키라고 하는 것보다, 아이의 생각도 들으면서 같이 정하면 아이도 지키기 쉬워집니다. 정한 것은 적어서 거실 등 가족 모두가 보는 곳에 붙여 둡니다. 일상에서 자주 보다 보면 지키기 쉬워집니다. 또 약속한 것이 점점 소홀해질 수가 있으니까, 습관이 될 때까지 부모와 아이가 가끔 확인하는 것도 중요합니다. 예를 들면, 23쪽의 '돌아오면 하는 일'이나 25쪽의 '게임 할 때의 약속', '기상·취침 등의 하루 스케줄' 같은 것입니다.

글 미야타 미에코
준텐도대학 협력연구원, 일본여자대학 객원준교수 등을 거쳐 특정비영리활동법인 일본어린이의 안전교육 종합연구소 이사장을 맡고 있습니다. 관련 기관의 위원회 위원이나 위원장을 역임하였습니다. 연구 영역은 안전 교육, 학교 안전, 학교 보건, 모자 보건 등이며, 의학 박사입니다. 대학에서는 교직 과목 '학교 안전' 등을 담당하고 있습니다. 어린이의 피해 사건·사고 분석이나 보육원·학교 등의 안전 관리, 장애가 있는 아이의 안전 교육, 0세부터의 안전 교육 등에 대해 「클로즈업 현대+(NHK 종합 텔레비전)」, 「위기와 관리(NHK 교육 텔레비전)」 외 여러 미디어에서 해설을 맡고 있습니다.

일러스트 이토 햄스터
디자인·DTP 마츠다 타카시(TOKYO 100MILLIBAR STUDIO)
번역 조연우

퀴즈로 배우는 안전 그림책

2024년 11월 15일 초판 1쇄 인쇄
2024년 11월 25일 초판 1쇄 발행

글 미야타 미에코
그림 이토 햄스터
번역 조연우

발행인 황민호
콘텐츠3사업본부장 석인수
편집장 손재희 **책임편집** 조명숙
디자인 중앙아트그라픽스

발행처 대원씨아이㈜ www.dwci.co.kr **주소** 서울시 용산구 한강대로15길 9-12
전화 편집 02-2071-2157 **영업** 02-2071-2066 **팩스** 02-794-7771
등록번호 1992년 5월 11일 등록 제3-563호
ISBN 979-11-423-0014-1 77830

QUIZ DE TANOSHIMU ANZENEHON
By Mieko Miyata, illustrated by Hamster Ito
Text Copyright ⓒ Mieko Miyata, 2023
Illustration Copyright ⓒ Hamster Ito, 2023
Original Japanese edition published by GENTOSHA INC. Tokyo, Japan.
Korean translation rights arranged with GENTOSHA INC. Tokyo
through Korea Copyright Center Inc., Seoul.

※이 책의 한국어판 저작권은 ㈜한국저작권센터를 통해 ㈜겐토샤와 독점 계약한 대원씨아이(주)에 있습니다.
저작권법에 의해 한국 내에서 보호를 받는 저작물이므로 무단 전재와 무단 복제를 금합니다.
※잘못된 도서는 구입하신 곳에서 교환해 드립니다.